Acrylbilder mit Schablonen

Das Schablonieren ist eine der ältesten Wandmaltechniken und erlebt gerade eine Renaissance, denn individuelle Wohnraumgestaltung liegt zurzeit voll im Trend. Mit dieser einfachen Technik können Sie innerhalb kürzester Zeit ganze Räume nach Ihrem Geschmack verschönern.

Doch nicht nur zur Wandbemalung eigenen sich Schablonen, auch auf anderen Untergründen wie Keilrahmen, Möbeln, Papier und Stoffen lassen sich mit den passenden Farben wunderschöne Muster und sogar ganze Bilder zaubern – einfach Schablone aufbringen, mit Farbe austupfen, abnehmen und fertig. Mit den selbstklebenden Schablonen geht das jetzt sogar noch einfacher!

In diesem Buch zeigen wir Ihnen, wie Sie ganz leicht Keilrahmen mit Schablonen in dekorative Schmuckstücke verwandeln können. Ob nur mit Schablonen gearbeitet oder in Kombination mit gemalten Motiven, ob pur mit Acrylfarben oder im Zusammenspiel mit anderen Materialien wie Decoupage-Papier, Strukturpasten und Blattmetall – verschönern Sie Ihr Zuhause mit selbstgemachten Schablonen-Bildern!

Viel Spaß beim Malen und Schablonieren!

Susanne Knapp Nicole Menz

IHRE GRUNDAUSSTATTUNG

Folgende Materialien und Hilfsmittel sollten Sie zur Hand haben. Genauere Angaben finden Sie bei den einzelnen Modellen.

- Schablonen (z. B. von der Firma Kreul)
- Keilrahmen in den angegebenen Größen
- pastose Acrylfarben (Schablonierfarben)
- Schablonierpinsel Nr. 4, 6 und 8
- Flachpinsel, Synthetikhaar, Nr. 12, 20 und 24 zum Grundieren
- Rundpinsel, Synthetikhaar, Nr. 4 und 6 zum Ausbessern
- Schablonierroller, 5 cm und 10 cm breit
- Plastikfarbwanne
- Malschwämmchen, quadratisch
- Kopierpapier in Gelb
- Bleistift und Radiergummi
- Lineal
- Wasserglas
- Küchenpapier
- Malerkrepp

Kleine Materialkunde

Acrylfarben

Acrylfarben sind mit Wasser vermalbar, deckend, lichtecht und lassen sich untereinander problemlos mischen. Sie trocknen schnell und werden im getrockneten Zustand wasserfest. Ideal für die Schablonenmalerei sind cremig bis pastos eingestellte Acrylfarben. Im Handel findet man dazu auch spezielle Schablonierfarben. Diese gibt es in vielen brillanten Farbtönen, glänzenden Metallictönen, Glitterfarben und auch als Nachtleuchtfarbe. Flüssig eingestellte Acrylfarben dagegen eignen sich nicht zum Schablonieren, weil die Farbe leicht unter die Schablone laufen kann.

Keilrahmen

Im Handel sind Keilrahmen, die bereits mit Maltuch bespannt und grundiert sind, in vielen Formaten und Qualitäten erhältlich. Beim Kauf sollte darauf geachtet werden, dass das Maltuch auf der Rückseite festgetackert oder genagelt ist, damit die seitlichen Keilrahmenkanten farblich mitgestaltet werden können und eine Rahmung des Bildes nicht mehr nötig ist.

Schablonen

Die hier im Buch verwendeten Schablonen sind alle flexibel, auf der Rückseite selbstklebend und mehrmals wieder verwendbar. Die Klebeschicht hält die Schablone auf dem Untergrund, das verhindert ein Verrutschen der Schablone und die Farbe läuft nicht so leicht unter den Rand. Für plastische Motive eignen sich die dickeren 3D-Schablonen, die mit Strukturpasten oder pastosen Acrylfarben ausgespachtelt werden können (hier dunkelblau im Bild).

Nach dem Abziehen der Schablone erhält man das Motiv als Relief. Nach dem Trocknen der weißen Strukturpaste, kann das Relief auch noch angemalt werden.

Tipp: **Haben Sie eine Schablone, die nicht selbsthaftend ist oder deren Klebekraft nachlässt, dann können Sie mit einer dünnen Schicht ablösbaren Sprühklebers die Rückseite der Schablone gleichmäßig einsprühen. Fixieren Sie die Schablone auf raueren Oberflächen zusätzlich am Rand mit Kreppband.**

Reinigung der Schablonen

Nach dem Gebrauch die Schablone zunächst mit warmem Wasser und eventuell vorsichtig mit einer Nagelbürste reinigen (besonders wenn Sie mit Strukturpaste gearbeitet haben) und zum Trocknen wieder auf das Trägerpapier kleben (bei selbstklebenden Schablonen). Zum Trockentupfen ein Leder verwenden. Die Klebeseite sollte nicht mit Papier in Berührung kommen. Die Schablone kann auch zum Trocknen im Bad an die Fliesen geklebt oder mit einem Föhn getrocknet werden. Bei großen Wandschablonen die Farbe besser an der Schablone trocknen lassen und nicht abwaschen, denn beim Reinigen geht schnell mal ein Steg kaputt. Nach dem Trocknen ist die Farbe wasserfest und wird durch einen neuen Farbauftrag auch nicht mehr angelöst. Die getrocknete Farbe schadet der Schablone nicht.

Farbauftrag

Die Schablonierfarbe kann mit dem Schablonierpinsel (besonders geeignet für Farbverläufe) durch eine kreisende, drehende oder vorsichtig stoßende Bewegung, mit der Farbwalze bzw. dem Schablonierroller (bei größeren einfarbigen Flächen) sowie auch mit dem Schwamm (für getupfte Farbeffekte) aufgetragen werden. Die Farbe sollte zum Schablonieren immer unverdünnt verwendet werden und die Arbeitsgeräte wie Walze und Pinsel müssen immer absolut trocken sein.

So geht's

Vorlagen übertragen

Zum Übertragen von Vorlagen eignet sich am besten gelbes oder weißes Kopierpapier. Bei Grafitpapier bleiben die Linien teilweise durch die Farbe hindurch sichtbar, was meist nicht so schön aussieht. Die beschichtete Seite einfach nach unten auf die Leinwand legen. Dann die Vorlage darüber mit Klebestreifen befestigen, damit die Zeichnung nicht verrutscht. Schließlich alle Linien der Vorlage mit einem Bleistift oder Kugelschreiber nachziehen. Die gelben bzw. weißen Linien übertragen sich so auf den Malgrund.

Schablonen selbst herstellen

Mit Hilfe von Stencilfolien oder Overheadfolien kann jeder selbst kreativ werden und aus eigenen Motiven Schablonen herstellen. Dazu das Motiv mit einem Folienschreiber auf die Folie übertragen und auf einer Schneideunterlage mit einem Cutter oder Skalpell die einzelnen Felder aus der Folie schneiden, etwas ablösbaren Sprühkleber auf die Rückseite geben und los geht's.

LOVE

→ wird groß geschrieben

MATERIAL

- Keilrahmen, 60 cm x 80 cm
- pastose Acrylfarbe in Weiß, Orange, Erdbeerrot, Bordeauxrot und Ebenholz
- Schablonierroller, 5 cm und 10 cm breit
- Wandschablone „LOVE"
- Lackstift in Weiß

VORLAGENBOGEN 1A

1 Mit einem Bleistift die Leinwand gemäß Skizze in sechs Felder unterteilen. Anschließend etwas Acrylfarbe in Orange in eine Farbschale geben. Die Farbe aus dem Behälter mit dem Farbroller aufnehmen und durch Hin- und Herrollen auf der Rolle verteilen. Das Feld 3 damit auswalzen. Dann die Felder 1 und 4 in Erdbeerrot gestalten und nach dem Trocknen Feld 1 noch mal mit Orange überwalzen. Zuletzt die drei Felder 2, 5 und 6 in Bordeauxrot walzen. Trocknen lassen.

2 Die Einzelschablone für den Buchstaben „L" an entsprechender Stelle auf der Leinwand fixieren und den Buchstaben in Ebenholz auswalzen. Die Schablone ablösen und nach dem Trocknen der Farbe das „O" in Weiß, das „V" in Orange und zuletzt das „E" in Ebenholz auswalzen. Da jeder Buchstabe eine eigene Schablone ist, kann die Anordnung der einzelnen Buchstaben frei gewählt werden, so sind viele Varianten möglich. Auch wenn ein Buchstabe nicht ganz auf das Bild passt, kann es durchaus grafisch reizvoll aussehen und das Wort ist trotzdem zu lesen.

3 Sind alle Oberflächen getrocknet, die Schrift vom Vorlagenbogen auf den Keilrahmen übertragen und mit einem weißen Lackstift nachschreiben.

Tipp: Beginnen Sie mit der hellsten Farbe, dann brauchen Sie zwischendurch nicht unbedingt die Walze zu reinigen.

LOVE
I close my eyes and feel your Heart beat next to mine
you are a piece of my Heart

Flower-Power in Grün

→ mit Glitzereffekten

MATERIAL

- Keilrahmen, 50 cm x 50 cm
- pastose Acrylfarbe in Weiß, Lemon, Honigmelone, Sonnengelb, Maigrün, Grasgrün und Glitter-Silber
- Schablonierroller, 5 cm breit
- Wandschablone „Blumen“
- Schablone „Florales Design“
- Malmesser

1 Zunächst die Leinwand in Lemon und Honigmelone vorgrundieren: Mit dem Malmesser etwas Farbe auf die Leinwand geben und mit der Farbwalze die Farbe auf der Fläche verteilen. Die zweite Farbe mit der Walze nass in nass auf der Leinwand über den ersten Farbauftrag verteilen. Durch das Übereinanderwalzen vermischen sich die beiden Farben miteinander.

2 Nach dem Trocknen die Schablone „Florales Design“ zweimal an verschiedenen Stellen auflegen und mit Weiß auswalzen. Da die Acrylfarben sehr deckend sind, hebt sich das Muster in Weiß vom hellgrünen Untergrund gut ab.

3 Nun eine große Blüte fast mittig auf der Leinwand fixieren und in Maigrün auswalzen. Anschließend die Schablone wieder ablösen und nach dem Antrocknen der Farbe weitere kleinere Blumen auf noch freie Bereiche in Sonnengelb auswalzen.

4 Nach dem Trocknen weitere Blüten auf die Leinwand in Grasgrün und Maigrün aufbringen, dabei dürfen sie sich mit darunterliegenden Motiven ruhig überlappen. Darauf achten, dass ein ausgewogenes Blumenmuster entsteht.

5 Nach dem Trocknen noch mal die Schablonen der großen Blüte und einer kleineren Blüte fixieren und mit dem Malmesser in der Farbe Glitter-Silber ausspachteln. Der Farbauftrag wird so dicker als mit der Walze und das Blumenmotiv glitzert mehr.

Tipp: Dieses Motiv lässt sich auch wunderbar in anderen Farben ausarbeiten, z.B. in Gelb, Orange und Rot. Achten Sie darauf, dass die verwendeten Farbtöne miteinander harmonieren. Kombinieren Sie Schablonen miteinander und übereinander, experimentieren Sie mit der Farbe und Deckkraft; so entstehen unzählige Gestaltungsvarianten.

Asia

→ im Land der aufgehenden Sonne

MATERIAL

- Keilrahmen, 70 cm x 50 cm
- pastose Acrylfarbe in Kirschrot, Karminrot, Schwarz, Gelb und Orange
- Airbrushfarbe in Schwarz
- verschiedene Flach- und Rundpinsel, Synthetikhaar
- Schablone „Schriftzeichen“
- Strohhalm
- flüssige Goldbronze
- Teller, ø ca. 30 cm oder Zirkel

1 Zuerst die Sonne im Durchmesser von ca. 30 cm einzeichnen. Verwenden Sie dazu einen großen Teller oder einen Zirkel. Sie soll ca. 13 cm vom rechten Bildrand entfernt sein. Mit Orange und Gelb nun die Sonne mit kreisenden Pinselstrichen ausmalen. Damit die Sonne kräftig leuchtet, diesen Vorgang nach dem Trocknen unbedingt noch einmal wiederholen.

2 Danach mit Kirschrot den rechten Teil des Hintergrundes ausmalen. Um ausreichend Deckkraft zu erzielen, muss auch hier der Farbauftrag noch einmal wiederholt werden. 11 cm vom linken Bildrand zu Karminrot wechseln, dabei eine unregelmäßige weiße Linie aussparen.

3 Mit einem Rundpinsel einen Tropfen schwarze Airbrushfarbe an die untere Kante des Keilrahmens direkt rechts neben die weiße Linie geben. Diesen Tropfen mithilfe eines Strohhalms durch Pusten in Richtung Sonne schieben. Durch die Führung des Strohhalms kann die Richtung bestimmt werden. Immer so lange pusten, bis sich die Linie nicht mehr verändert. So werden besonders filigrane Verästelungen sichtbar. Durch das Flach- und Schräghalten des Strohhalms schiebt man die Farbe und durch senkrechtes Halten und Pusten ergeben sich flächige, bizarre Gebilde. Weitere kleine Tropfen können jeweils im Anschluss erfolgen.

4 Die Schablone „Schriftzeichen“ so auflegen, dass ein Teil der Schrift noch in die Sonne ragt. Mit einem kleinen Schwämmchen sparsam schwarze Farbe aufnehmen, den Überschuss abtupfen und damit vorsichtig die Schriftzeichen füllen. Anschließend die Schablone abnehmen und sofort reinigen.

5 Schließlich mit flüssiger Goldbronze Akzente neben die Schrift setzen.

Tipp: Noch effektvoller ist es, wenn Sie für die Goldakzente der Schrift Metallicfolienkleber und Metallicfolie in Gold verwenden. Diese Technik ist leicht anzuwenden, wirkt dreidimensional und ist hochglänzend. Dazu den Folienkleber an beliebiger Stelle auftragen und trocknen lassen. Goldfolie mit der glänzenden Seite nach oben andrücken und ruckartig abziehen. Die Metallicfolie lässt sich in vielen Bereichen anwenden und ist immer ein Hingucker!

千里之行始於足下

Antike Statute

→ aus der Zeit der alten Römer

MATERIAL

- Keilrahmen, 60 cm x 60 cm
- pastose Acrylfarbe in Weiß, Beige, Ebenholz und Magnolie
- flüssige Acrylfarbe in Silbergrau
- Spitzpinsel, Synthetikhaar, Nr. 4
- Schablone „Säule“
- Schablone „Statue“
- Schablone „Schmucklilien“
- Strukturpaste Universal
- Malmesser
- Naturschwamm
- Zahnbürste

1 Zunächst Weiß und Ebenholz in einer Farbwanne zu einem hellen Grau mischen. Mit einem angefeuchteten Naturschwamm die Farbe aufnehmen und von links unten nach rechts oben auf die Leinwand wischen. Diese Richtung bei der weiteren Malerei immer beibehalten.

2 Um eine marmorähnliche Oberfläche zu erhalten, mit dem Schwamm ein paar Wischer in Magnolie und in Beige auftragen. Anschließend mit einem mit Wasser angefeuchteten Schwamm die Farbübergänge auf der Fläche verwischen. Hier und da etwas weiße Farbe auf die Fläche tupfen.

3 Mit der Zahnbürste etwas flüssige Acrylfarbe in Silbergrau auf die Oberfläche sprenkeln. Nach dem Trocknen mit dem Spitzpinsel Nr. 4 und der flüssigen silbergrauen Acrylfarbe die typische Maserung einer Marmorplatte aufmalen: wackelige, unterbrochene, mal dicker und mal dünner werdende Linien. Dabei auch die gleiche Richtung beibehalten und die Pinselspitze mal lockerer und mal fester aufdrücken.

4 Nach dem Trocknen der Oberfläche die Schablonen auf dem Keilrahmen fixieren. Die Säulen und die Statue mit Strukturpaste Universal ausspachteln. Danach die Schablonen wieder vorsichtig abziehen und sofort reinigen. Die Strukturpaste gut durchtrocknen lassen.

5 Schließlich die Schablone „Schmucklilien“ oberhalb der Säulen als Abschluss fixieren und unter die Säulen als Treppenstufe zwei Streifen Malerkrepp mit einem Abstand von 1 cm aufkleben. Diesen Abstand zwischen den Klebestreifen sowie die Lilien-Schablone mit Strukturpaste ausspachteln. Anschließend die Schablone sowie die Klebestreifen vorsichtig abziehen und die Strukturpaste gut durchtrocknen lassen.

Tipp: Anstelle der Strukturpaste können Sie die Schablonen auch direkt mit der pastosen Acrylfarbe farblich passend ausspachteln. Durch den dicken, gespachtelten Farbauftrag entsteht immer ein plastisches Relief.

Blumenzauber

→ es grüßen die 70er Jahre

MATERIAL

- Keilrahmen, 80 cm x 60 cm
- pastose Acrylfarbe in Weiß, Sonnengelb, Honigmelone, Orange und Rehbraun
- Flachpinsel, Synthetikhaar, Nr. 24
- Schablonierroller, 5 cm breit
- Wandschablone „Blumenzauber“

1 Mit dem Flachpinsel die Farben Weiß, Honigmelone und Sonnengelb kreuz und quer auf der Leinwand verstreichen, sodass ein lebendiger, gelber Hintergrund entsteht. Trocknen lassen.

2 Die Einzelschablonen, aus denen die Schablone „Blumenzauber“ besteht, auf der Leinwand fixieren: Die zweite Schablone 1 mm bis 2 mm überlappend an die erste ansetzen. Das Motiv durch die restlichen Schablonenteile vervollständigen. Ist die Leinwand kleiner als das gesamte Schablonen-Motiv, einfach Bildteile weglassen oder nur einen bestimmten Ausschnitt aus dem gesamten Schablonen-Motiv nehmen. Die Schablonen mit einem Tuch glatt streichen, sodass alle Teile gut an der Leinwand haften.

3 Etwas Acrylfarbe in Orange in eine Farbschale geben. Die Farbe aus dem Behälter mit dem Farbroller aufnehmen und durch Hin- und Herrollen auf der Rolle verteilen. Anschließend die Farbe in die Schablonenzwischenräume dünn aufrollen, bis alle Blüten mit Orange ausgefüllt sind. Die restlichen Bildteile (Blätter und Stängel) in Rehbraun auswalzen.

4 Die einzelnen Schablonenteile vorsichtig wieder von der Leinwand ablösen. Gegebenenfalls die frei gebliebenen Zwischenräume (Stege der Schablone) in der entsprechenden Farbe ausmalen.

Tipps: Sehr gleichmäßig lässt sich die Farbe mit dem Farbroller auftragen. Dies empfiehlt sich besonders, wenn das Motiv nur mit einem Farbton gestaltet werden soll, oder bei besonders großen Schablonen, wie die XXL-Wandschablonen.

Verwenden Sie bei einem Farbwechsel entweder eine neue Farbwalze oder waschen Sie die gebrauchte gründlich mit Wasser und Seife unter fließendem Wasser aus und trocknen Sie sie gut ab.

Muscheln

→ Schmuckstücke aus dem Meer

MATERIAL

- Keilrahmen, 70 cm x 50 cm
- pastose Acrylfarbe in Dunkelbraun, Türkisblau, Beige, Weiß, Umbra, Lichtblau, Terracotta, Apricot und Kadmiumgelb
- verschiedene Flach- und Rundpinsel, Synthetikhaar
- Schablone „Maritim“
- Schablone „Muscheln“
- Schablone „Fische“
- Strukturpaste Universal und Feinsand
- Spachtel
- Papier zum Abdecken

VORLAGEN-BOGEN 1B

1 Die beiden großen Muscheln von der Vorlage auf den Keilrahmen übertragen. Lichtblau und Türkisblau getrennt in tiefe Gefäße geben und mit Wasser stark verdünnen. Mit einem weichen Rundpinsel diese Farben auf den Hintergrund auftragen. Dabei stellenweise etwas weiße Leinwand aussparen. Trocknen lassen.

2 Nun die unterschiedlichen Schablonen mit den Fischen, Muscheln und Korallen an den entsprechenden Stellen auflegen. Terracotta, Apricot, Türkis, Kadmiumgelb und Lichtblau mit Weiß oder Beige aufhellen und diese Farben mit einem kleinen Schwämmchen aufnehmen. Den Überschuss abtupfen und damit vorsichtig die Schablonen ausfüllen. Es können auch zwei Farben innerhalb einer Schablone verarbeitet werden.

3 Jetzt die großen Muscheln gestalten: Die runde Muschel auf der rechten Seite abwechselnd mit Dunkelbraun und einer Mischung aus Beige und Weiß ausarbeiten. Damit die braunen Muster nicht zu flach wirken, in die noch nassen Farbflächen mittig etwas Beige streichen. Das Gerippe der spitzen Muschel auf der linken Seite in einem hellen Beigeton (Weiß und Beige gemischt) halten. Die inneren Flächen mit dunklen Konturen in Umbra versehen und nach innen hin mit Beige und Weiß aufhellen.

4 Strukturpaste Universal mit Strukturpaste Feinsand mischen und diese am unteren Bildrand auftragen. Dabei mit dem Spachtel exakt bis an die Konturen der Muscheln arbeiten. Mit dem Spachtel können zusätzlich noch Strukturen erzeugt werden. Nach dem Trocknen der Masse kann diese mit verwässerten Farben dem Hintergrund angepasst werden. Einige Farbspritzer verleihen dem Bild noch zusätzlich Dynamik. Dazu dunkelbraune Farbe wenig verwässern. Einen Rundpinsel von oben zwischen Daumen und Mittelfinger nehmen und in die Farbe tauchen. Durch Heben und Senken des Pinsels und gleichzeitiges Klopfen mit dem Zeigefinger auf den Pinselstiel ergeben sich gezielte Spritzer. Die restliche Fläche vorher mit Papier abdecken. Es empfiehlt sich, zuerst auf einem Stück Papier zu üben.

5 Schließlich einige verschieden große, naturalistische Luftblasen malen. Dabei dunkle Schatten links innen und unten rechts außen in einer Mischung aus Braun und Türkis setzen und leicht nach rechts hin mit etwas Wasser auslaufen lassen. Mit weißer Acrylfarbe Glanzlichter in Weiß gemäß Abbildung setzen.

Tempus fugit

→ wie die Zeit vergeht

MATERIAL

- Keilrahmen, 60 cm x 40 cm
- pastose Acrylfarbe in Weinrot, Beige, Schwarz, Weiß und Kupfer
- verschiedene Flach- und Rundpinsel, Synthetikhaar
- Schablone „Lilienzeichen 1"
- Schablone „Lilienzeichen 2"
- Decoupage-Papier „Stillleben"
- Decoupage-Kleber und -Lack
- Schere
- Holzstäbchen

VORLAGEN-BOGEN 2A+1B

1 Den Keilrahmen gemäß Vorlage in verschiedene Felder einteilen. Aus dem Decoupage-Papier „Stillleben" die Tulpe, Vase, Bücher und Blüten ausschneiden und mit Decoupage-Kleber an den vorgesehenen Stellen fixieren.

2 Aus Beige und Schwarz einen Grauton mischen und diesen auf die Felder A auftragen (Flächenaufteilung siehe Vorlagenbogen). Um dem Bild mehr Spannung zu verleihen, in die nasse Farbe der beiden größeren Flächen mit einem Holzstäbchen Muster einziehen. Anschließend das Feld B mit Weinrot ausmalen und ebenfalls mit Mustern versehen.
Die schmalen, dunkelroten Zwischenräume zwischen den Flächen mit Weinrot kolorieren, die Felder C mit Kupfer. Das Feld E in Weiß malen und schließlich die restlichen Flächen in Beige. Nach dem Trocknen feine, schwarze Linien auf die Fläche E sowie auf die schmale, beigefarbene Fläche unten links im Bild malen (vergleiche Abbildung). Trocknen lassen.

3 Nun die Schablonen „Lilienzeichen 1" und „Lilienzeichen 2" auf den vorgesehenen Feldern fixieren. Die sechs Lilien oben im Bild in einer Mischung aus Weinrot und Schwarz sowie die mittleren beiden in einer Mischung aus Beige und Weiß mit einem kleinen Schwämmchen aufbringen. Alternativ kann das Motiv der Schablone mit Bleistift aufgezeichnet und die Lilien danach mit Farbe ausgemalt werden. Anschließend den Schriftzug „tempus fugit" (= die Zeit verfliegt) von der Vorlage auf den Keilrahmen übertragen. Dabei die Buchstaben in einem mit Weiß aufgehellten Beige halten und anschließend mit Schattenkanten in Dunkelrot (Mischung aus Weinrot und Schwarz) betonen.

4 Um dem Bild einen einheitlichen Charakter zu verleihen, schließlich den gesamten Keilrahmen mit Decoupage-Kleber und -Lack überstreichen.

tempus
fugit

Lilien-Quartett

→ viermal anders

MATERIAL

- Keilrahmen, 30 cm x 30 cm
- pastose Acrylfarbe in Honigmelone, Orange, Erdbeerrot, Bordeauxrot und Sonnengelb
- Spitzpinsel, Synthetikhaar, Nr. 4
- Schablonierroller, 5 cm breit
- Schablone „Lilienzeichen 1“
- Strukturpaste Universal
- Strukturpaste Brillantgold
- Lackmalstift in Gold
- 3D-Potch
- Malmesser

1 Zunächst die Leinwand in vier gleichgroße Felder unterteilen. Die einzelnen Felder mit Acrylfarbe und der Schablonierrolle grundieren (von links nach rechts und von oben nach unten): Feld 1 in Honigmelone, Feld 2 in Orange, Feld 3 in Erdbeerrot und Feld 4 in Sonnengelb. Dabei die Keilrahmenkanten mitgestalten. Die Farben trocknen lassen.

2 Auf Feld 1 freihand eine kleinere Fläche in Orange walzen, auf Feld 2 eine kleinere Fläche in Sonnengelb, auf Feld 3 und Feld 4 eine kleinere Fläche in Orange. Auch die Kanten des Keilrahmens mithilfe der Walze in Orange hervorheben.

3 Die Lilien-Schablone jeweils mittig auf den Feldern fixieren. In **Feld 1** das Motiv mit Erdbeerrot mit dem Pinsel austupfen. Nach dem Trocknen der Farbe die Lilie mit 3D-Potch ausmalen. So entsteht eine leicht erhabene und hochglänzende Oberfläche. Um das innere Quadrat herum das Wort „Lilie“ in lockerer Schrift mit einem Lackmalstift in Gold schreiben. Zwischen den Wörtern mittig einen Punkt setzen.

4 Bei **Feld 2** die Lilie mit Strukturpaste Universal ausspachteln und nach dem Trocknen der Paste das Lilienmotiv in Honigmelone anmalen. Mit dem Malschwämmchen vier Quadrate in Honigmelone aufstempeln und das kleine Farbfeld mit dem Pinsel und derselben Farbe locker umrahmen.

5 Bei **Feld 3** die Lilie mit Strukturpaste in Brillantgold ausspachteln. Das kleine Feld in Honigmelone umrahmen und mit dem Malschwämmchen vier Quadrate in Brillantgold in die Ecken stempeln.

6 Bei **Feld 4** die Lilie zuerst mit dem Pinsel in Bordeauxrot austupfen und nach dem Trocknen der Farbe die Schablone leicht nach unten rechts versetzt erneut auflegen und in Erdbeerrot gestalten. So entsteht der Eindruck eines Schattens im Motiv. Mit dem Pinsel freihand Schnörkel in Honigmelone um das Lilienmotiv auf die gelbe Fläche malen.

Blüte in Schwarz-Weiß

→ schlichte Eleganz

MATERIAL

- Keilrahmen, 80 cm x 60 cm
- pastose Acrylfarbe in Schwarz und Weiß
- verschiedene Flach- und Rundpinsel, Synthetikhaar
- Schablone „Royales Dekor"

VORLAGENBOGEN 2A+2B

1 Zunächst die Blütenkonturen von der Vorlage auf den Keilrahmen übertragen. Dabei die Staubgefäße aussparen, da diese erst nach dem Malen der Blätter aufgepaust werden. Auf einer Palette einen silbergrauen Farbton aus Schwarz und Weiß mischen. Ebenfalls eine größere Menge weißer Farbe bereitstellen.

2 Nun die Blütenblätter bis zur Mitte hin mit diesen Farben modellieren: Um sanfte Übergänge zu erzielen, das Grau in das noch nasse Weiß streichen. Dabei in Wuchsrichtung arbeiten. Den zentralen Punkt der Blüte etwas dunkler gestalten. Die einzelnen Blütenblätter sollen sich durch einen Hell-Dunkel-Kontrast und scharfe Konturen deutlich voneinander abheben. Fällt der erste Farbauftrag nicht deckend genug aus, muss dieser Vorgang nach dem Trocknen noch einmal wiederholt werden.

3 Anschließend einen Rundpinsel unter der Zwinge spreizen und abwechselnd mit Hellgrau, Dunkelgrau und Weiß einen Kranz strahlenförmig um die Blütenmitte ziehen. Trocknen lassen. Nun die Blütenstempel und Staubgefäße von der Vorlage in die Blütenmitte übertragen. Diese dann mit Schwarz und Weiß gestalten und kleine weiße Glanzlichter darauf platzieren. Damit die Stiele, die zu den Staubgefäßen führen, plastisch wirken, diese mit einer dunklen Außenkontur versehen, die nach innen aufgehellt wird.

4 11,5 cm vom unteren Bildrand entfernt mit Bleistift und Lineal eine Linie ziehen. Für den dunklen Hintergrund der Blüte schwarze Farbe gleichmäßig bis zur Linie hin auftragen. Trocknen lassen. Dann am unteren Rand der schwarzen Fläche eine dünne Linie in Schwarz ziehen, um die weißen Blütenblätter von dem Schmuckstreifen deutlich abzugrenzen. Hier kann mit einem dünnen Pinsel oder auch mit einem schwarzen Filzstift gearbeitet werden. Anschließend einen schmalen Streifen von 5 mm aussparen und darunter noch mal eine Linie in derselben Breite mit einem feinen Pinsel schwarz ausmalen. Ebenfalls von der unteren Keilrahmenkante aus einen 5 mm breiten Streifen in Schwarz ergänzen.

5 Die Schablone „Royales Dekor" im unteren, weißen Streifen mittig auflegen. Mit einem kleinen Schwämmchen schwarze Farbe aufnehmen, den Überschuss abtupfen und damit vorsichtig die Schablone füllen. Zum Verlängern des Ornamentes, ein kurzes Element des Motivs an beiden Seiten noch mal ansetzen und mit Farbe füllen.

Tipp: Noch exakter werden die Außenränder der Schablonenmotive, wenn Sie die Schablone mit einem Bleistift nachziehen, abnehmen und anschließend mit schwarzer Farbe ausmalen.

Vasen-Trio

→ mit Rosenblüte

MATERIAL

- Keilrahmen, 50 cm x 70 cm
- pastose Acrylfarbe in Kirschrot, Karminrot, Beige, Weiß, Schwarz und Orange
- verschiedene Rund- und Flachpinsel, Synthetikhaar
- Schablone „Klassik"
- Strukturpaste Universal
- Spachtel
- Decoupage-Papier mit Blüte
- Decoupage-Kleber glänzend
- evtl. Schere
- Wischmetall aus der Tube in Gold
- flüssige Goldbronze
- Karton, Rest

VORLAGEN-BOGEN 1A

1 7 cm vom unteren Bildrand und 11 cm vom linken Bildrand entfernt mit Bleistift und Lineal eine Linie ziehen. Anschließend die Vasen von der Vorlage auf den Keilrahmen übertragen. Eine Blüte aus dem Decoupage-Papier ausschneiden oder vorsichtig ausreißen und mit Decoupage-Kleber an gewünschter Stelle fixieren.

2 Die große Fläche mit Strukturpaste Universal bespachteln. Dabei mit einem kleinen Spachtel auch die Übergänge vom Decoupage-Papier zum Hintergrund beseitigen. Auf der großen Fläche sollen deutliche Strukturen zu erkennen sein. Gut trocknen lassen.

3 Mit Kirschrot, Karminrot und Orange den Hintergrund gestalten. Dabei in Hell-Dunkel-Abstufungen und fließenden Farbübergängen arbeiten. Mit einem feinen Rundpinsel die rote Farbe exakt bis an das Blütenmotiv streichen. Für die Vasen Beige, Weiß und Grau (Mischung aus Schwarz und Weiß) verwenden. Damit ein starker Kontrast erzielt wird, die Gefäße sehr hell halten. Die Stellfläche ebenfalls mit sehr hellem Beige, Weiß und Grau in waagrechten Pinselstrichen anlegen. Um den Schlagschatten der Vasen darzustellen, nach dem Trocknen die Motivvorlage noch mal nach unten auflegen und leicht durchpausen. Anschließend mit etwas dunkleren Tönen der bereits verwendeten Farben ausarbeiten.

4 Jetzt den linken Randstreifen mit Karminrot bemalen und trocknen lassen. Die Schablone „Klassik" auflegen und mit einem Schwämmchen abwechselnd beigefarbene Acrylfarbe und flüssige Goldbronze auftupfen. Anschließend die Schablone vorsichtig wieder abziehen. Wischmetall auf ein Stück Karton drücken, mit der Fingerkuppe aufnehmen und damit ohne Druck über die Erhöhungen der Strukturen des Hintergrundes und der Vasen streichen. Auf Wunsch können die Vasen und Blüten noch mit naturalistischen Tropfen veredelt werden. Dazu einen Braunton aus Beige und Schwarz mischen und mit einem feinen Rundpinsel die Kontur des Tropfens dünn nachziehen. Oben links innen und unten rechts außen

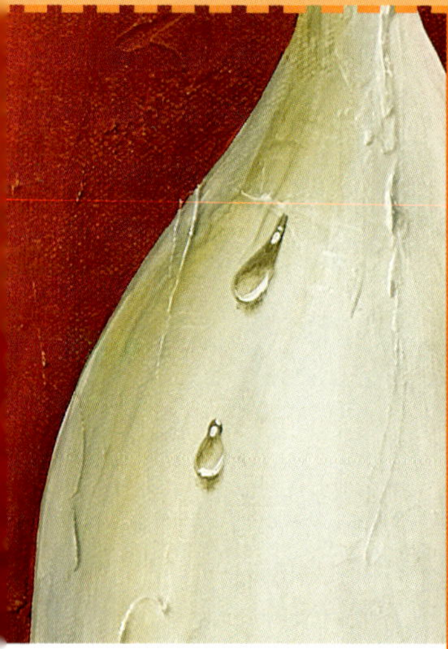

WEITERFÜHRUNG

Vasen-Trio

etwas Farbe auftragen und leicht nach rechts unten mit Wasser auslaufen lassen. Nach dem Trocknen mit weißer Farbe Glanzlichter gemäß Abbildung setzen.

5 Für mehr Brillanz der Farben das gesamte Bild mit Decoupage-Kleber und -Lack überstreichen.

Tipp: Anstatt flüssiger Goldbronze, können Sie auch Acrylfarbe in Gold verwenden.

Little Princess

→ Mädchenträume

MATERIAL

- Keilrahmen, 60 cm x 60 cm
- pastose Acrylfarbe in Elfenbein, Magnolie und Bordeauxrot
- Schablonierroller, 5 cm breit
- Wandschablone „Little Princess"

1 Zunächst etwas Bordeauxrot in eine Farbschale geben. Die Farbe aus dem Behälter mit dem Schablonierroller aufnehmen und durch Hin- und Herrollen auf der Rolle verteilen.

2 Die Schablone mit der Krone mittig auf der Leinwand fixieren und das Motiv in Bordeauxrot auswalzen. Die Schablone wieder ablösen und nach dem Antrocknen der Farbe die Schablonen mit den Schriftzügen „Little", „Princess" und das Schnörkelmuster im oberen und unteren Bereich des Keilrahmens fixieren. Diese Motive ebenfalls mit Bordeauxrot auswalzen. Die Schablonen ablösen und nach dem Trocknen der Farbe noch mal den Schriftzug „Little" und „Princess" auf noch freie Bereiche der Leinwand in Magnolie auswalzen. Dabei dürfen sich einzelne Bildteile ruhig überlappen. In noch freie Bildbereiche die kleine Krone und den Schnörkel zart in Magnolie auswalzen.

3 Ist die Oberfläche trocken, mit einer neuen oder sauberen Walze hauchdünn Elfenbein kreuz und quer über das gesamte Bild walzen. Das dunkle Bordeauxrot verliert dadurch ein wenig Leuchtkraft und der Farbauftrag wirkt so etwas abgenutzt – ein spannenden Effekt.

Tipp: Wenn ein Motiv nur ganz dünn ausgewalzt wird, bleibt das darunterliegende Bildmotiv noch sichtbar. So kann man mehrere Bildteile überlappend übereinander legen.

Little
Princess
Little
Princess

MATERIAL

- Keilrahmen, 70 cm x 30 cm
- pastose Acrylfarbe in Beige, Terrakotta, Aquamarin, Meeresblau, Ultramarin, Orange, Weiß und Elfenbein
- Flachpinsel, Synthetikhaar, Nr. 12 und 20
- 3D-Schablone „Wellen“
- Schablone „Muscheln“
- Strukturpaste Universal
- Strukturpaste Feinsand
- Strukturgel glänzend
- Malmesser
- Lackstift in Blau und Weiß
- Sand
- Muscheln

VORLAGENBOGEN 1 A + 1 B

Ein Tag am Meer

→ maritimes Flair

1 Zunächst die Flächeneinteilungen auf der Leinwand dünn mit Bleistift und Lineal vorzeichnen: eine waagerechte Linie im Abstand von 15 cm zum unteren Keilrahmenrand und je eine senkrechte Linie im Abstand von 15 cm vom linken und rechten Rand. Anschließend die einzelnen Felder mit Acrylfarbe und dem Flachpinsel Nr. 20 grundieren (von links nach rechts und von oben nach unten): Feld 1 in Beige, Feld 2 in verschiedenen Blau-

tönen, Feld 3 in Elfenbein, Feld 4 in Orange, Feld 5 in Elfenbein und Beige sowie Feld 6 in Ultramarin. Trocknen lassen.

2 Auf **Feld 1** mit dem Flachpinsel Nr. 12 in Terrakotta Wellen aufmalen. Auf **Feld 2** die 3D-Schablone „Wellen" fixieren und mit Strukturpaste Universal ausspachteln. Dann die Schablone vorsichtig abheben und die Paste trocknen lassen. **Feld 3** mit dem Malschwämmchen gestalten: Zuerst Orange im Schachbrettmuster aufstempeln, dann in die Zwischenräume Weiß setzen (siehe Schrittbild). In das freie Feld in der Mitte Strukturpaste Feinsand auftragen und eine Muschel in die feuchte Masse drücken. Trocknen lassen. Auf das **Feld 4** die Schablone „Seestern" fixieren und mit Strukturpaste Universal ausspachteln. Anschließend die Schablone wieder vorsichtig abnehmen und die Paste trocknen lassen. Auf die untere Hälfte von **Feld 5** Strukturgel mit dem Malmesser aufspachteln und etwas Sand auf die feuchte Masse streuen. Überschüssigen Sand vorsichtig abschütten und einige Muscheln in die noch feuchte Sandmasse drücken. Auf **Feld 6** weiße Streifen mit dem Flachpinsel Nr. 12 aufmalen.

3 Sind alle Oberflächen getrocknet, die Schrift vom Vorlagenbogen auf die entsprechenden Felder übertragen. Schließlich die Schrift mit Lackstiften nachschreiben: auf Feld 1 in Weiß und Feld 2 in Blau.

Rote Blüten

→ in 3D-Optik

MATERIAL

- Keilrahmen, 40 cm x 40 cm
- pastose Acrylfarbe in Schwarz, Weiß, Weinrot, Rotbraun und Beige
- verschieden Flachpinsel, Synthetikhaar
- 3D-Effektschablone „Blumenranke“ und „Moderne“
- Strukturpaste Universal
- Spachtel
- Holzstäbchen

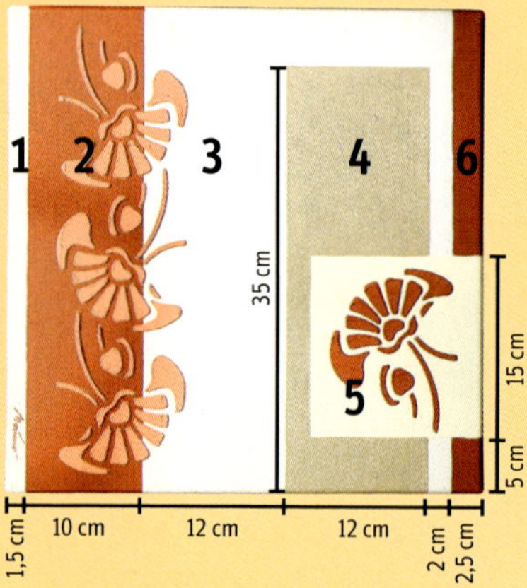

1 Die Flächen mit Lineal und Bleistift gemäß Skizze einteilen. Weinrot mit etwas Rotbraun abdunkeln und mit dieser Mischung die Felder 2 und 6 ausmalen. Sollte die Farbe nicht genug decken, den Vorgang nach dem Trocknen noch einmal wiederholen.

2 Nun die weiteren Flächen kolorieren. Aus Schwarz und Beige einen grau-beigfarbenen Ton mischen, auf das Feld 4 auftragen und Muster mit einem Holzstäbchen in die noch nasse Farbe ziehen. Das Feld 5 mit einer Mischung aus Beige und Weiß kolorieren.

3 Nach dem Trocknen die 3D-Schablone auf den breiten, roten Streifen so auflegen, dass ein Teil des Motivs noch in den weißen Hintergrund ragt. Etwas Strukturpaste mit der Rot-Braun-Mischung von Feld 2 vermischen, sodass ein etwas hellerer Farbton entsteht und die Masse mit dem Spachtel vorsichtig in die Vertiefungen der Schablone pressen. Ein Motiv der Schablone noch mal mittig auf das Feld 5 legen und auch hier die eingefärbte Masse aufbringen. Vorher noch mehr Weinrot hinzumischen, um einen dunkleren Farbton zu erzielen. Nach dem Einsatz die Schablone vorsichtig wieder abziehen und sofort reinigen.

Tipp: Da die Farbe mit Strukturpaste angereichert und sehr dick aufgetragen wird, ist mit einer längeren Trockenzeit zu rechnen. Den gleichen Erfolg erzielen Sie mit einer speziellen 3D-Farbe, die Sie in den unterschiedlichsten Farbnuancen erhalten.

Funkelnde Krone

→ ein Schmuckstück für jede Wand

MATERIAL

- Keilrahmen, 60 cm x 50 cm
- pastose Acrylfarbe in Erdbeerrot, Orange, Pink, Bordeauxrot, Gold, Glitter-Gold und Metallic-Rot
- 2 weiche Flachpinsel Nr. 4
- Schablonierroller, 5 cm breit
- Schablone „Blätter"
- Wandschablone „Little Princess"
- Schablone „Elegance" (kleine Krone)
- 3D-Schablone „Lilienzeichen"
- Strukturpaste Universal
- Strukturpaste Brillantgold
- Malmesser
- Lackstift in Gold
- 3 quadratische Schmucksteine in Klar, 1,4 cm lang
- 10 runde Schmucksteine in Klar, ohne Schliff, ø 1,2 cm
- 3 ovale Schmucksteine in Klar, ohne Schliff, 2,5 cm lang
- Schmucksteinkleber
- Blattmetall in Gold
- Anlegemilch
- Überzugslack

VORLAGENBOGEN 2B

1 Die Felder auf der Leinwand gemäß Skizze (siehe Vorlagenbogen) dünn mit Bleistift vorzeichnen und mit Acrylfarbe und dem Schablonierroller grundieren: Feld 1 in Erdbeerrot, Feld 2 in Orange, Feld 3 in Pink und Bordeauxrot übereinandergewalzt sowie Feld 4 in Pink. Farbe trocknen lassen.

2 Auf **Feld 1** die kleine Kronen-Schablone fixieren und mit Metallic-Rot überwalzen. Der Metallicton hebt sich nur ganz leicht von dem erdbeerroten Untergrund ab. Das Motiv mehrmals in gleichen Abständen wiederholen. Nach dem Trocknen mittig die große Kronen-Schablone auflegen und in mehreren Schichten mit der Farbe Gold auswalzen. Die Krone abziehen und nach dem Trocknen die Schablone mit dem Schriftzug „Little Princess" über die Fläche kleben und mit Glitter-Gold auswalzen, dabei darf die Schrift die Krone überlappen. Der glitzernde Farbauftrag erscheint nur ganz dezent.

3 Auf das **Feld 2** die 3D-Schablone „Lilienzeichen" dreimal hintereinander auflegen und mit Strukturpaste ausspachteln. Die Paste gut trocknen lassen.

4 Auf das **Feld 4** die Schablone „Blätter" fixieren und mit Strukturpaste Universal in Brillantgold und einem Malmesser ausspachteln. Die Paste gut durchtrocknen lassen. Anschließend die Bordüre zusätzlich mit Schmucksteinen verzieren, die mit dem Schmucksteinkleber fixiert werden.

5 Sind die weißen Lilien von **Feld 2** trocken, diese ganz dünn mit Anlegemilch mit dem Pinsel einstreichen. Nach etwa 30 Minuten ist die Oberfläche aufnahmebereit für das Blattmetall. Das hauchdünne Blattmetall in Gold auf die Anlegemilch legen und mit einem zweiten, weichen Pinsel andrücken und glattstreichen.

WEITERFÜHRUNG

Funkelnde Krone

Das Blattmetall haftet an den Stellen, wo die Anlegemilch aufgetragen wurde. Überschüssiges Blattmetall vorsichtig wegwischen und in einer Dose sammeln und aufbewahren. Sind alle drei Lilien vergoldet, die goldenen Flächen zum Schutz dünn mit Überzugslack einstreichen.

6 Schließlich die Schrift von der Vorlage auf das **Feld 3** übertragen und mit einem feinen, goldenen Lackstift nachschreiben.

7 Zwei Streifen Malerkrepp in einem Abstand von ca. 1 cm zwischen **Feld 1** und **Feld 2** kleben. Den abgeklebten Streifen mit Glitter-Gold ausspachteln. Die Klebstreifen vorsichtig abziehen. Trocknen lassen.

8 Schließlich die Bordüre, die Krone und die Lilien mit Schmucksteinen verzieren, die mit dem Schmucksteinkleber fixiert werden.

DIESES BUCH ENTHÄLT 2 VORLAGENBOGEN

Hilfestellung zu allen Fragen, die Materialien und Kreativbücher betreffen: Frau Erika Noll berät Sie.
Rufen Sie an: 05052/911858*

*normale Telefongebühren

IMPRESSUM

MODELLE: Susanne Knapp (S. 4/5, 6/7, 10/11, 12/13, 18/19, 24/25, 26/27, 30–32); Nicole Menz (S. 8/9, 14/15, 16/17, 20/21, 22/23, 28/29)
FOTOS: frechverlag GmbH, 70499 Stuttgart; Susanne Knapp (S. 2/3, 4/5, 7, 11, 13, 25, 26/27, 30, 32); Fotostudio Ullrich & Co., Renningen (restliche Fotos)
DRUCK: frechdruck GmbH, 70499 Stuttgart

Wir danken der Firma C. Kreul GmbH & Co. KG für die freundliche Unterstützung mit Keilrahmen, Farben und Schablonen.

Auflage: 5. 4. 3. 2. 1.
Jahr: 2012 2011 2010 2009 2008 [Letzte Zahlen maßgebend]

ISBN 978-3-7724-3722-9
Best.-Nr. 3722